AF240209

CATALOGUE

D'UNE BELLE COLLECTION

DE

TABLEAUX

DES ÉCOLES,

Italienne, Flamande, Hollandaise et Française,

BRONZES ET CURIOSITÉS,

Dont la Vente aura lieu pour cause de Décès.

———

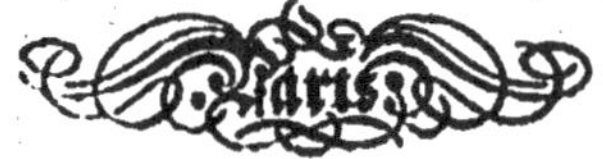

Le Dimanche 7 Avril 1850, veille de la vente, de midi à 5 heures.

———

SIMONET, EXPERT.

———

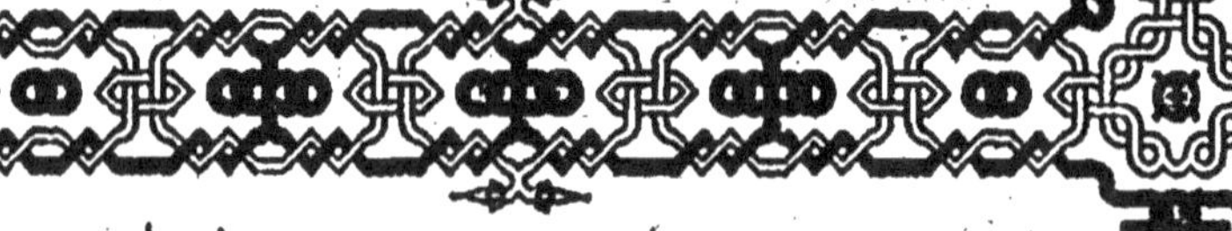

IMPRIMERIE ET LITHOGRAPHIE MAULDE ET RENOU,

Rue Bailleul, 9 et 11.

———

1850

CATALOGUE

d'une Collection de beaux

TABLEAUX

DES ÉCOLES,

Italienne, Flamande, Hollandaise et Française,

BRONZES & CURIOSITÉS,

dont la vente aura lieu

Pour cause de décès de M. de MALÉZIEU MASSETIL, ancien directeur des
Contributions directes.

LE LUNDI 8 AVRIL 1850, A UNE HEURE PRÉCISE,

HOTEL DES VENTES MOBILIÈRES,

Rue des Jeuneurs, n° 42,

Salle n° 9,

Par le ministère de M° RIDEL, Commissaire-Priseur,
RUE SAINT-HONORÉ N° 333,
Assisté de M. SIMONET, Expert de la Compagnie des Commissaires-
Priseurs, rue d'Argenteuil, n. 11.

Exposition publique

Le Dimanche 7 Avril, veille de la Vente, de midi à 5 heures.

PARIS.

IMPRIMERIE ET LITHOGRAPHIE DE MAULDE ET RENOU,
rue Bailleul, n. 9 et 11, près du Louvre.

4068

1850.

AVERTISSEMENT.

Dans la collection que nous offrons aux amateurs, on remarque de bons ouvrages des écoles italienne, espagnole, flamande et hollandaise, réunis à de très belles et agréables productions de l'école française.

Si quelques descriptions ne sont pas tout à fait exactes, c'est que les tableaux qui en sont l'objet, se trouvant encore à la campagne au moment où nous avons dû mettre notre catalogue sous presse, nous avons été forcés de nous en rapporter à des renseignements donnés de vive voix : nous les rectifierons, autant que possible, lors de la mise aux enchères.

CONDITIONS DE LA VENTE.

Les acquéreurs paieront cinq centimes par franc en sus des adjudications applicables aux frais.

DESIGNATION

DES TABLEAUX

BASSAN.

1 — La Naissance de saint Jean.

CAMBIASO.

2 — Moïse sauvé des eaux.

CARRACHE (École du).

3 — Vénus couchée et endormie sur une draperie.

GARAFOLO (Attribué à).

4 — La Vierge et sainte Anne dans un paysage.

GUERCHIN (Gio Francesco Barbieri dit le).

5 — La Foi, l'Espérance et la Charité.

Belle composition de cinq figures dont les expressions sont parfaitement d'accord avec le sujet.

MOLA (Pierre-Francesco). (École Bolonaise).

6 — Tancrède et Herminie.

Le vainqueur d'Argant est étendu sur la poussière; Herminie le soulève, aidée de son écuyer, pour panser ses blessures.

MURILLO.

7 — La Marâtre.

Tel est le titre sous lequel le propriétaire a désigné ce tableau; il représente une femme assise à terre près d'un panier rempli de fruits. Elle vient de donner une pomme à un jeune garçon et paraît en refuser à une jeune fille qui lui en demande.

MURILLO.

8 — Le Petit aveugle.

Il est assis à terre et caresse son chien.

OCAGNON. (Ecole Florentine).

9 —

ROSSO, Florentin mort en France en 1541. (École Florentine).

10 — Jésus et la Samaritaine.

A droite, sur un chemin, on remarque divers personnages. A gauche, des monuments en ruines. Le paysage est baigné par une rivière qui serpente entre des montagnes.

Les personnages et le paysage sont peints dans le goût de Raphaël. C'est ce qui a pu faire penser au propriétaire, ainsi qu'à plusieurs amateurs, que le tableau était de Raphaël. Bois épais d'Italie.

SODOMO DE RAZZI.

11 — Vingt-deux petits sujets divers provenant du palais qu'il habitait à Sienne.

Cet article sera divisé.

ÉCOLE FLAMANDE ET HOLLANDAISE.

BACKUYSEN (Ludolf).

12 — Marine.

Mer houleuse. Plusieurs barques de pêcheurs et bâtiments à la voile sillonnent les flots en différentes directions. Le ciel est couvert de gros nuages et présage un gros temps.

Il est difficile de rendre avec plus de vérité et d'harmonie, la mer et ses flots agités par la brise. Tout y est senti, profondément étudié et artistement rendu.

BRAUWER.

13 — Intérieur d'estaminet.

Trois fumeurs autour d'un tonneau. Dans le fond, d'autres figures.

CRAESBECKE.

14 — Intérieur de tabagie flamande.

DIETRICK.

15 — Portrait d'un vieillard.

FRANCK.

16 — L'Adoration des bergers.

GÉRARD DE LA NOTE.

17 — Vieillard en méditation.

GÉRARD DE LA NOTE.

18 — Jeune femme dans un parc.

GOVAERT FLINCK.

19 — Portrait d'une jeune fille.

GOVAERT FLINCK.

20 — Portrait d'un jeune garçon.

HORMANS.

21 — Le Concert.

Riche composition rendue d'une manière fort originale.

HUYSMANS DE MALINES.

22 — Paysage avec terrain éboulé.

HUYSMANS DE MALINES.

23 — Paysage avec figures.

HOOCH (PIERRE DE).

24 — Intérieur d'appartement.

Assise devant une table couverte d'un tapis, une dame regarde une jeune fille qui apporte une bouteille. Au fond une porte ouverte laisse voir la campagne qui est vivement éclairée par les rayons du soleil. Une grande fenêtre répand beaucoup de lumière sur toute la scène.

OSTADE (ADRIEN VAN).

25 — Intérieur de tabagie.

Un fumeur, tenant une pipe et un pot à charbon, interrompt son camarade qui fait la lecture d'une gazette.

On retrouve dans ce petit tableau l'exécution la plus franche du maître; il résume les qualités éminentes qu'Ostade a montrées dans la reproduction de ces physionomies populaires dont il a saisi le type avec tant de profondeur et d'observation. On ne peut se montrer plus original, plus naïf et plus vrai. Provenant de la galerie de Schamp, de Gand, sous le n° 52 du catalogue.

OSTADE (Isaac Van).

26 — Halte de voyageurs à la porte d'une hôtellerie.

Le maître est sur la porte, et regarde une famille hollandaise qui vient d'arriver dans un chariot, et dont le conducteur s'est arrêté pour faire manger les chevaux, tandis qu'un bon gros Hollandais, une canette à la main, offre des rafraîchissements aux voyageurs. Non loin de là, deux enfants jouent sur l'herbe à peu de distance d'une charrette chargé d'ustensile de ménage.

OSTADE (Van).

27 — Intérieur de cuisine rustique.

Ce tableau est orné de tous les accessoires qui conviennent au sujet.

MOLENAER.

28 — Intérieur d'estaminet flamand.

MOLYN.

29 — Paysage avec figures.

POELENBURG.

30 — Danaé.

Jupiter, transformé en pluie d'or, s'introduit auprès de Danaé que l'on voit couchée sur un lit de repos. A peu de distance sont une duègne et quelques amours

POTTER (Imitation de Paul).

31 — Deux vaches au pâturage.

ROMBOUST (Théodore).

32 — Intérieur d'estaminet flamand.

Ce charmant petit tableau a tout l'aspect d'un ouvrage de Jean Stéen. Le peintre dont il s'agit était l'antagoniste de Rubens. Il ne faut pas le confondre avec le paysagiste du même nom.

REMBRANDT (Genre de).

33 — Portrait de femme âgée.

REMBRANDT (Genre de).

34 — Portrait d'homme coiffé d'un turban.

RUYSDAEL (Jacques).

35 — Le Chemin creux.

On remarque quelques habitations rustiques parmi un épais massif d'arbres dont le milieu est traversé par un chemin sablonneux vivement éclairé par le soleil; quelques villageois et une bohémienne conduisant un enfant.

RUYSDAEL (Jacques).

36 — Paysage.

Au premier plan on voit un terrain en pente, des troncs d'arbres et quelques plantes aquatiques. A droite une mare, un saule et quelques chênes.

RUYSDAEL (Jacques).

37 — Paysage.

Sur le premier plan une mare. A droite, une ferme ombragée par de grands arbres, dans le fond on aperçoit le clocher d'une église.

SCALKEN (Godefroy).

38 — Portrait de sa fille.

Elle est vue de face, coiffée d'un bonnet de dentelle, un manteau rouge couvre ses épaules. Le fond offre un paysage.

Ce joli portrait est traité avec une finesse de pinceau et une naïveté admirables.

SNEYDERS.

39 — Chasse au sanglier.

L'animal furieux forcé par les chiens, en a mis plusieurs hors de combat.

TENIERS (Genre de David).

40 — Paysage, dans le fond son château.

TOORENVLIET.

41 — Intérieur rustique.

VAN GOYEN.

42 — Vue d'un fleuve couvert de barques, et bordé à main droite par une basse-terre et quelques habitations.

VAN GOYEN.

43 — Paysage marine, pendant du précédent.

VANDER LYS.

44 — Les Baigneuses.

Tableau agréable et bien peint.

VANDER HEYDEN.

45 — Paysage.

On remarque une voiture sur le chemin à peu de distance de quelques bûcherons. Les figures et les animaux sont d'Adrien Van de Velde.

VANDER NEER

46 -- Paysage, effet de lune.

Ce tableau capital représente une vue intérieure de la Hollande : sur le devant, trois pêcheurs sont occupés à raccommoder leurs filets. Un grand nombre de petites barques de pêcheurs parcourent en tout sens la surface des eaux. Plusieurs bâtiments à la voile voguent vers des directions différentes; toute la partie gauche est bordée par la ville: on voit, s'étendant au loin, les murailles surmontées de vieilles tours.

Le ciel est parsemé de nuages, à travers lesquels perce le disque argenté de la lune, qui se reflète dans le miroir des eaux.

Cette production est une des plus importantes de cet habile artiste, et sera, à juste titre, appréciée des amateurs.

VANDER NEER (Genre de).

47 — Paysage marine avec barques et bâtiments à la voile, effet de lune.

VANNEMAN (M).

48 — Le Trio flamand.

VELDE (Guillaume-Van de).

49 — Mer calme.

On voit des navires de grandeurs différentes. Quelques barques voguent dans le lointain.

La surface des eaux, à peine ridée çà et là par le mouvement des bâtiments, réfléchit de tout côté la teinte grisâtre d'une atmosphère vaporeuse.

VEREDEN.

50 — Intérieur d'appartement.

Une mère écoute avec le plus grand plaisir sa fille qui chante en s'accompagnant de sa guitare.

WOUVERMANS (Philippe).

51 — Halte de Bohémiens.

Tableau fin et pur avec quelques chevaux.

WOUVERMANS (Genre de).

52 —. Halte de chasse.

WYNANTS (Jean).

53 — Paysage sablonneux.

On remarque à droite une masse de terrain éboulé, le soleil en éclaire quelques parties, de jeunes arbres en couronnent le sommet : au bas un chemin tournant conduisant vers un village dont on aperçoit le clocher dans l'éloignement ; on voit en avant une mare où poussent des plantes sauvages. Provenant du cabinet de M. de Trucy.

ÉCOLE FRANÇAISE.

BILCOQ.

54 — Intérieur rustique.

COYPEL.

55 — La Toilette de Vénus.

DEMARNE.

56 — Paysage traversé par un canal.

On remarque un bac dans lequel des paysans font entrer des bestiaux ; sur les deux rives de riches campagnes et fabriques. Ce tableau, d'un effet piquant, réunit toutes les qualités qui font rechercher les ouvrages de cet habile artiste, qui s'est plu à faire entrer dans cette composition beaucoup de figures et un grand nombre d'animaux, tels que chevaux, bœufs, vaches, chèvres, moutons et brebis.

DROLING.

57 — Le Marchand de mouchoir.

Il n'y aura aujourd'hui comme par le passé qu'une voix sur la per-
fection de ce tableau qui a toujours été signalé comme étant le chef-
d'œuvre du maître.

Il est gravé et provient de la collection de M. Tardieu dont la vente
a eu lieu en 1841, sous le n° 146 du catalogue, où il a été payé
2460 fr.

GRANET (M).

58 — Intérieur de cloître.

Au milieu d'une galerie souterraine, un moine est en prière. Tableau d'un bel effet et de très belle qualité.

LESUEUR (Eustache).

59 — L'Abondance; figure colossale.

Elle tient une corne d'abondance remplie de fruits, elle est apuyée
contre un soc de pierre dans un paysage.

MALLET.

60 — La Jarretière de la mariée.

RIGAULT.

61 — Portrait d'un maréchal de France.

SWEBACH (Desfontaine).

62 — Rendez-vous de chasse.

Ce tableau nous paraît être un des meilleurs qui soient sortis de la
main de cet habile artiste doué des qualités les plus brillantes.

VALLIN.

63 — Charmant paysage au milieu duquel on remarque une Nymphe couchée et un Amour
qui lui verse du vin.

VERNET (Genre de)

64 — Deux Paysages faisant pendants, ornés de figures.

MÊME GENRE.

65 — Marine avec effet d'orage.

WATTEAU.

66 — Arlequin et Colombine.

On voit à gauche dans un bosquet plusieurs personnages faisant de
la musique.

WATTEAU (Genre de).

67 — Paysage avec effet d'hiver, des patineurs sur
la glace.

ÉCOLE ITALIENNE.

68 — Paysage dans la manière d'Herman.

ÉCOLE FLAMANDE.

69 — Intérieur rustique dans lequel sont deux
hommes et une femme.

ÉCOLE FLAMANDE.

70 — Fruits de diverses espèces posés sur une ta-
blette de pierre.

ÉCOLE FRANÇAISE.

71 — Paysage formo de friso dans le genre de Bou-
cher.

* * *

OJBETS D'ART ET DE CURIOSITÉ.

72 — La Vénus de Médicis, de grandeur naturelle,
bronze d'une forme très pure et d'une exécution soignée.

73 — Deux flambeaux en bronze doré, représentant chacun un Amour montant un croco-
dile.

74 — Deux émaux de Limoges.

75 — Un beau groupe florentin, très fin, représentant deux femmes luttant.

76 — Une figurine en bronze italien d'une grande
finesse.

77 — Deux bronzes florentins représentant Mercure
et une Nymphe.

78 — Un service en porcelaine de Sèvres.

79 — Une soupière en porcelaine de Sèvres.

80 — Six tasses, un sucrier et un pot au lait, porcelaine de Sèvres.

81 — Un brûle-parfums chinois.

82 — Une boîte en émail.

83 — Un coffret en émail.

84 — Une pendule style Louis XVI.

85 — Sous ce numéro seront vendus des cadres
dorés et les objets omis.

4o39   Imp Maulde et Renou, rue Bailleul, 9 et 11.